# TEST DE COULEUR

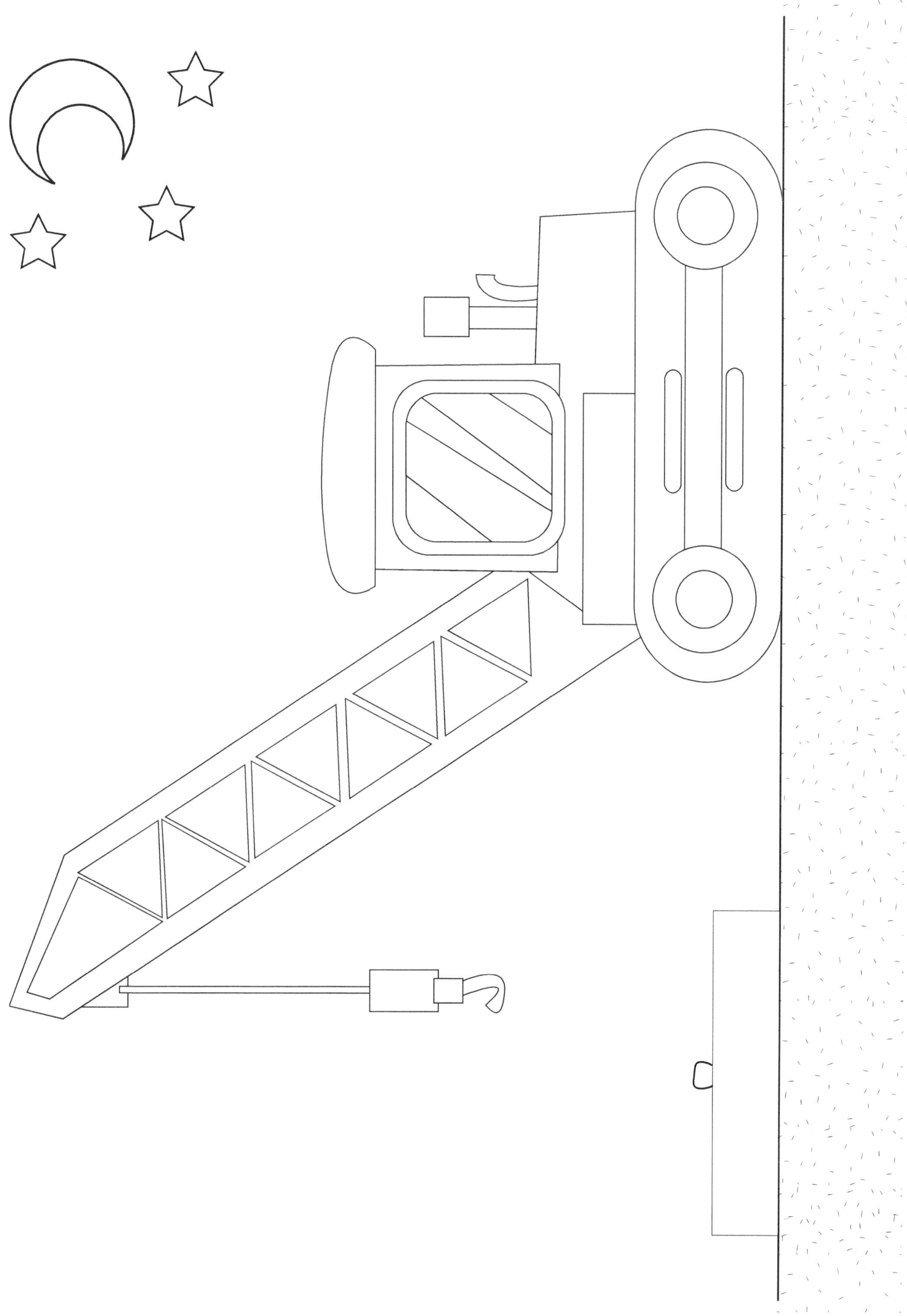

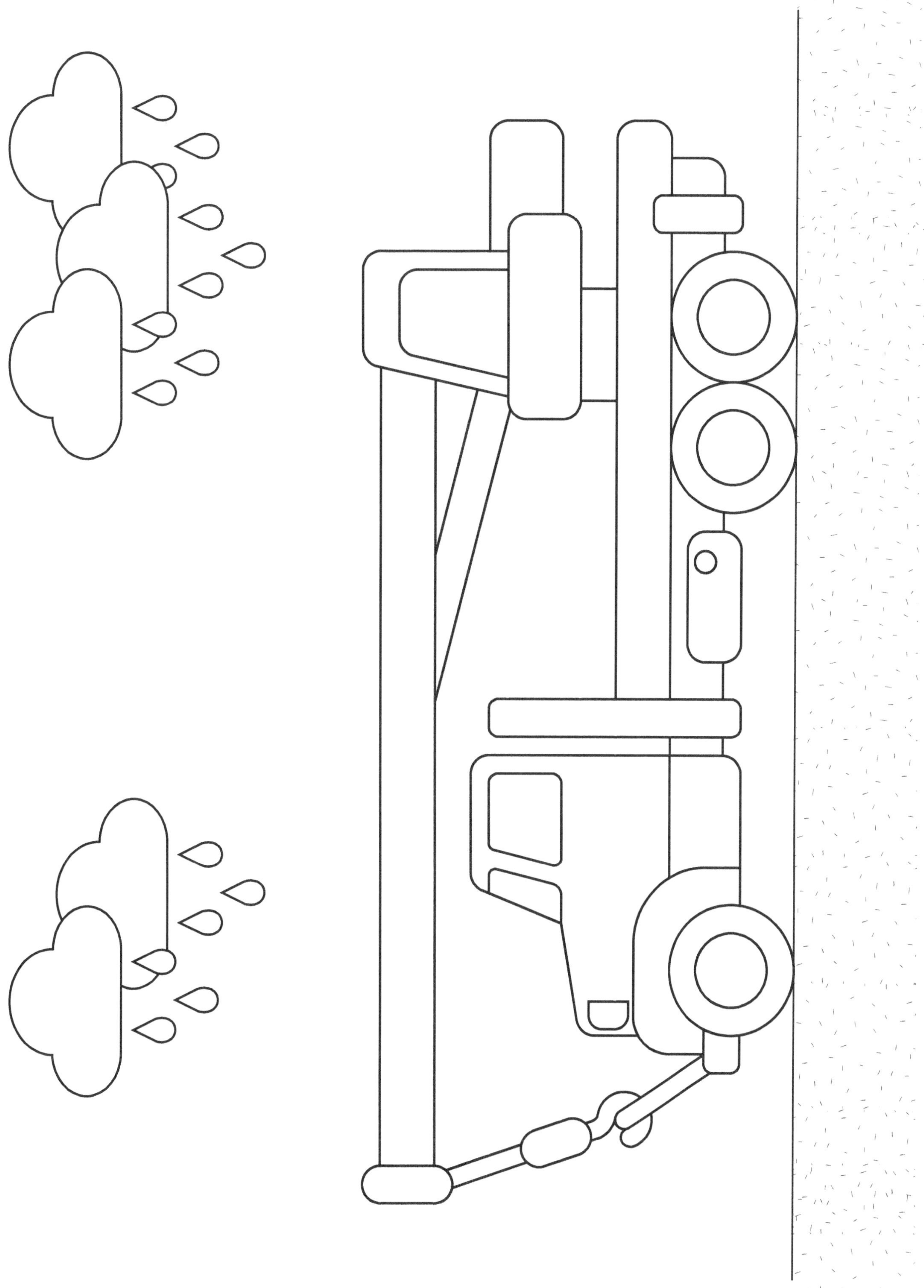

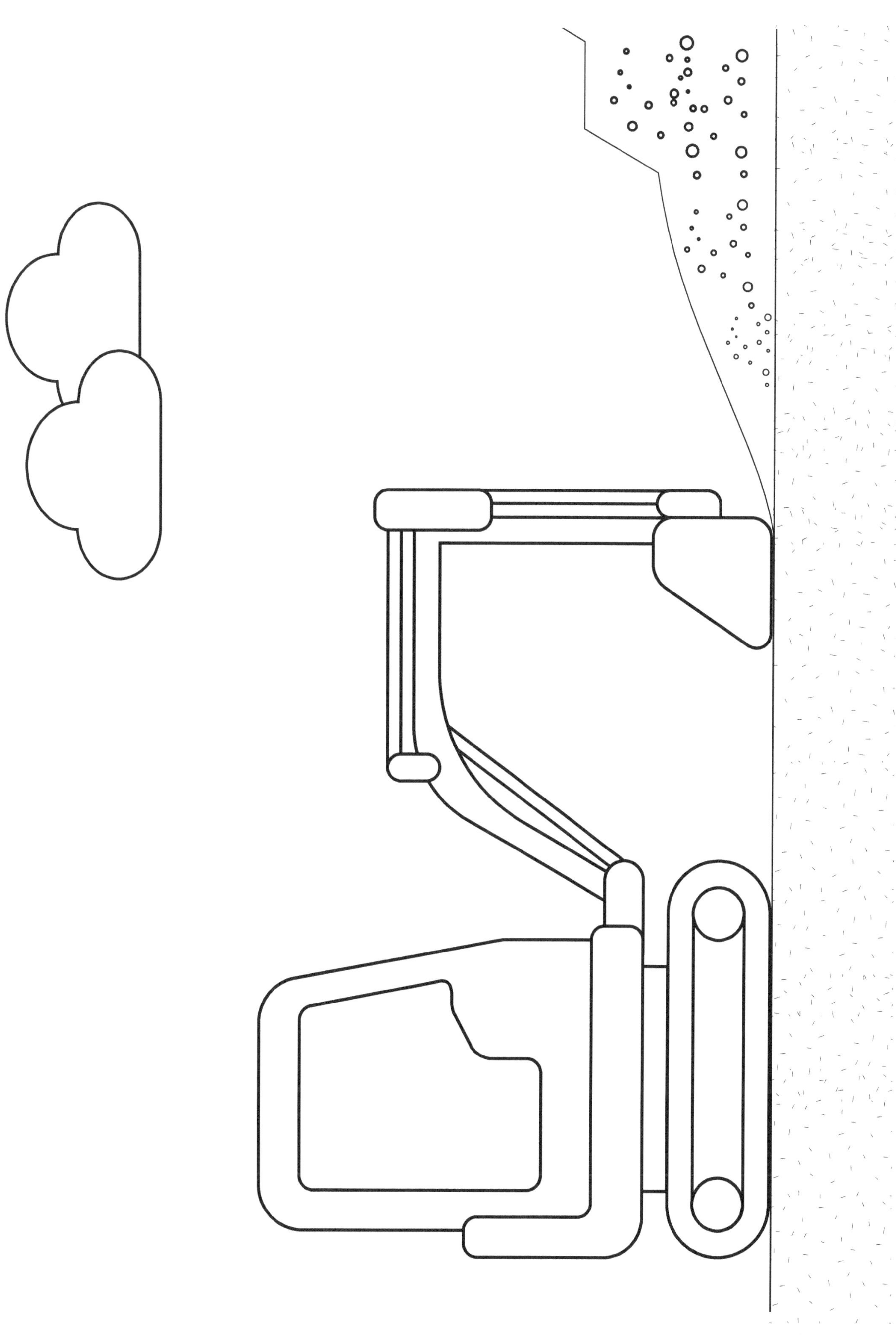

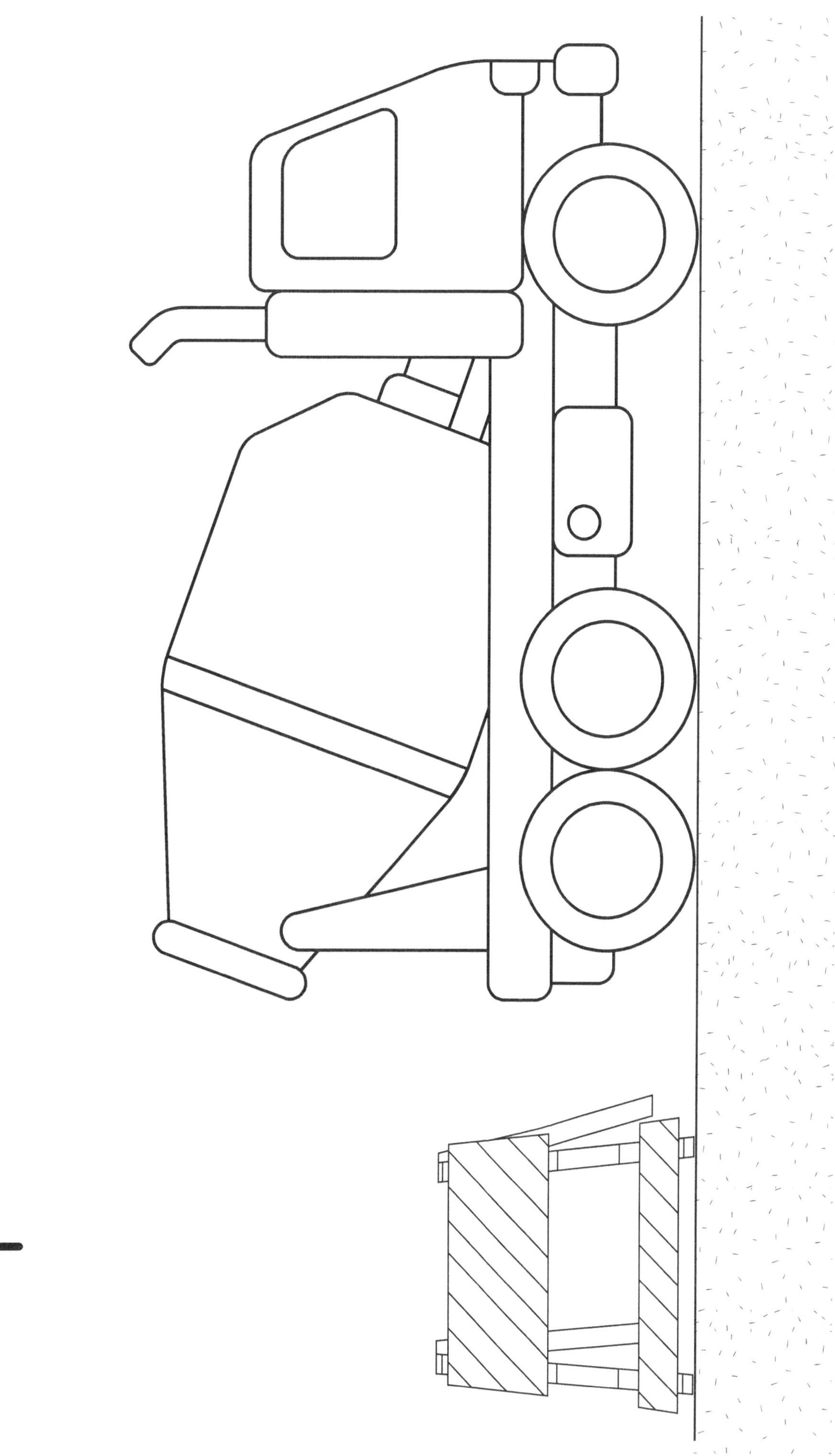

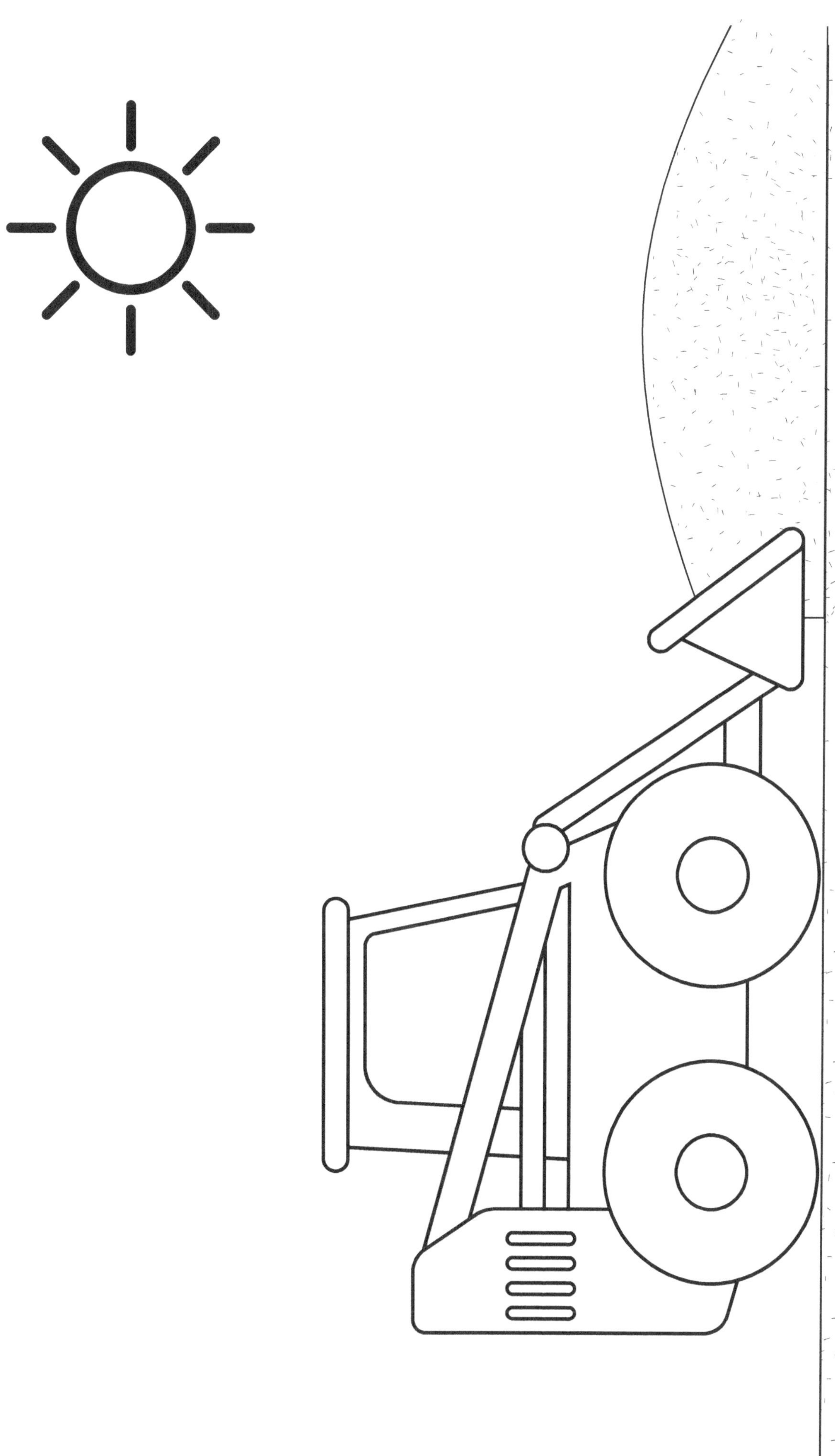

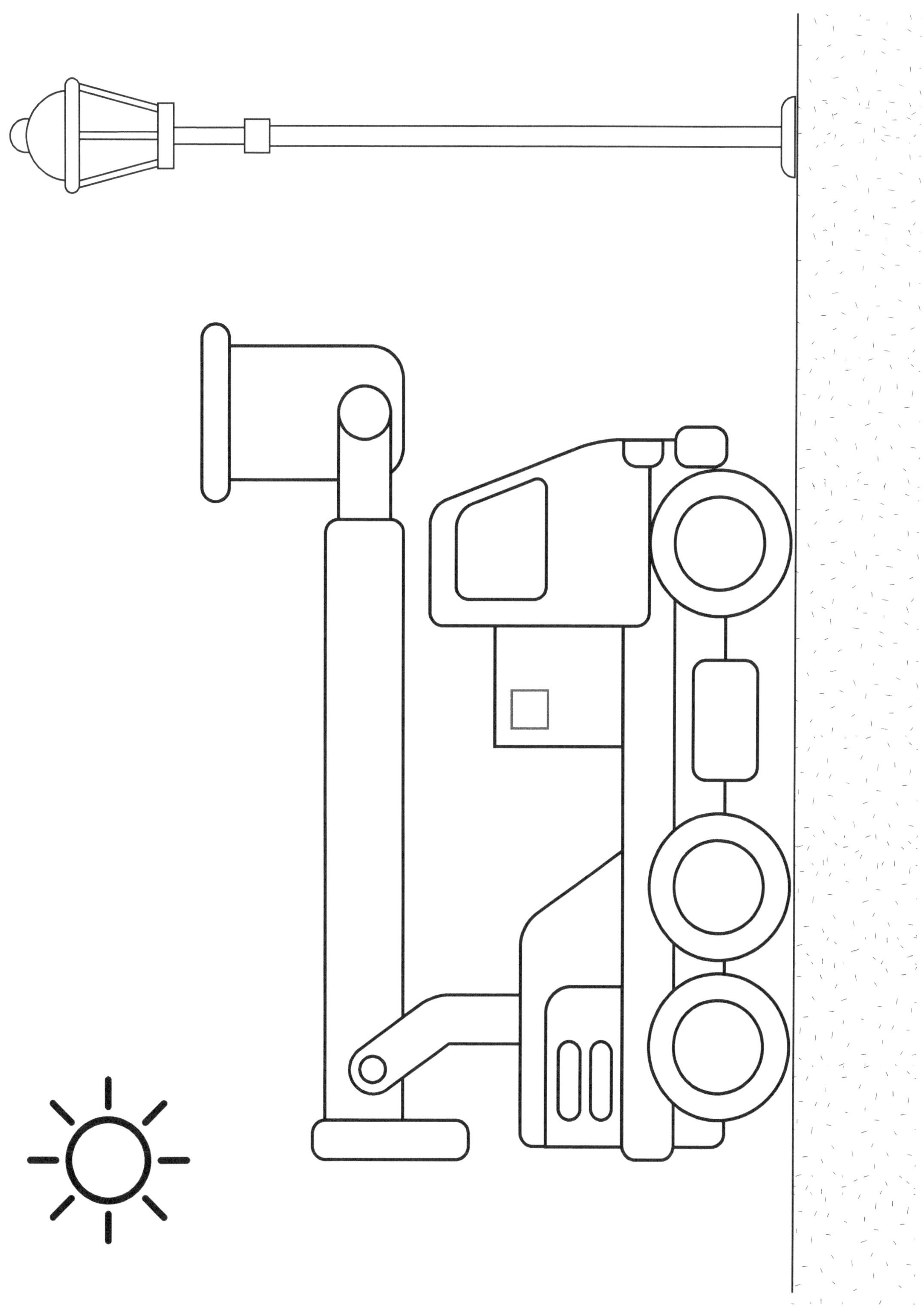

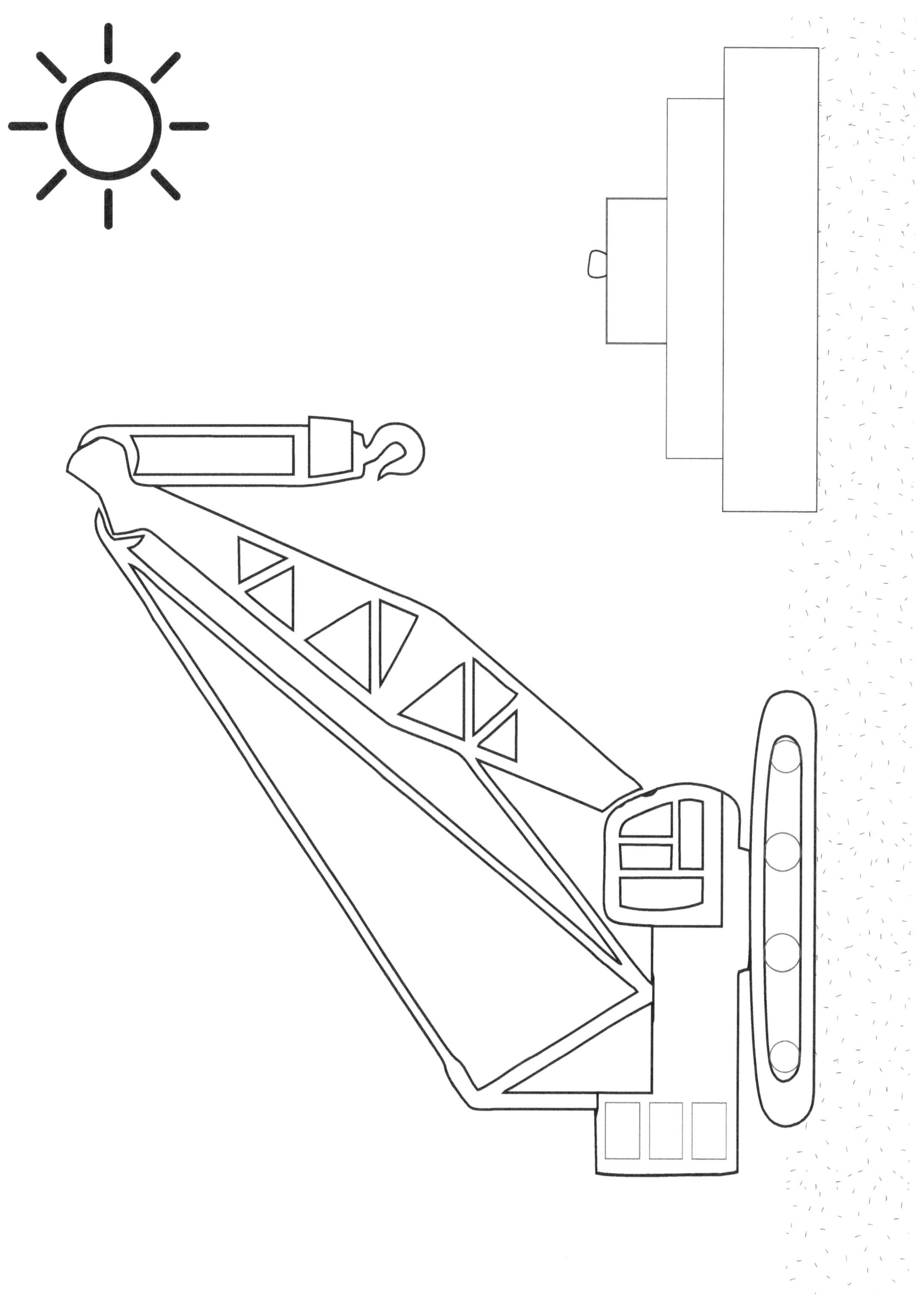

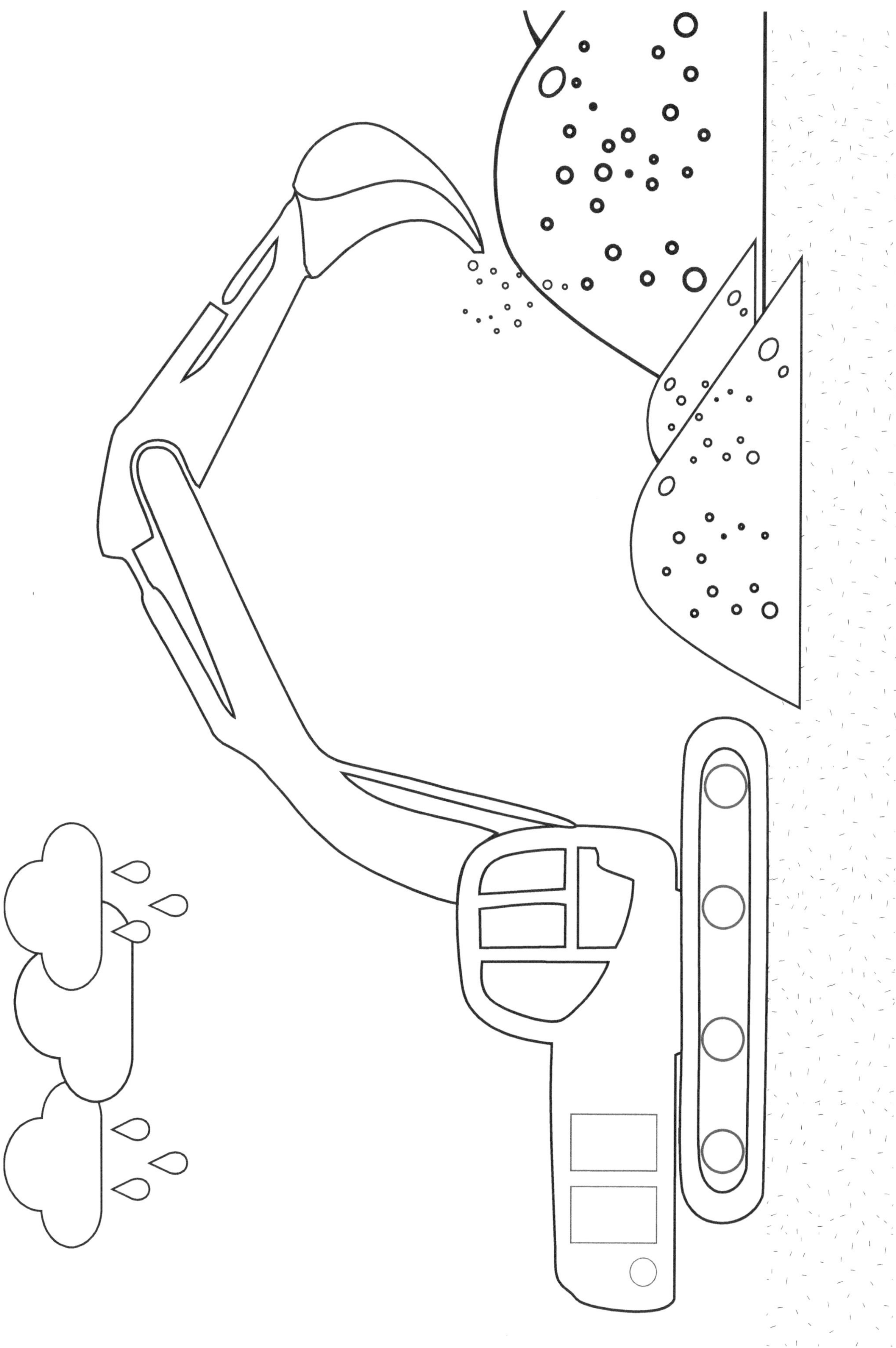

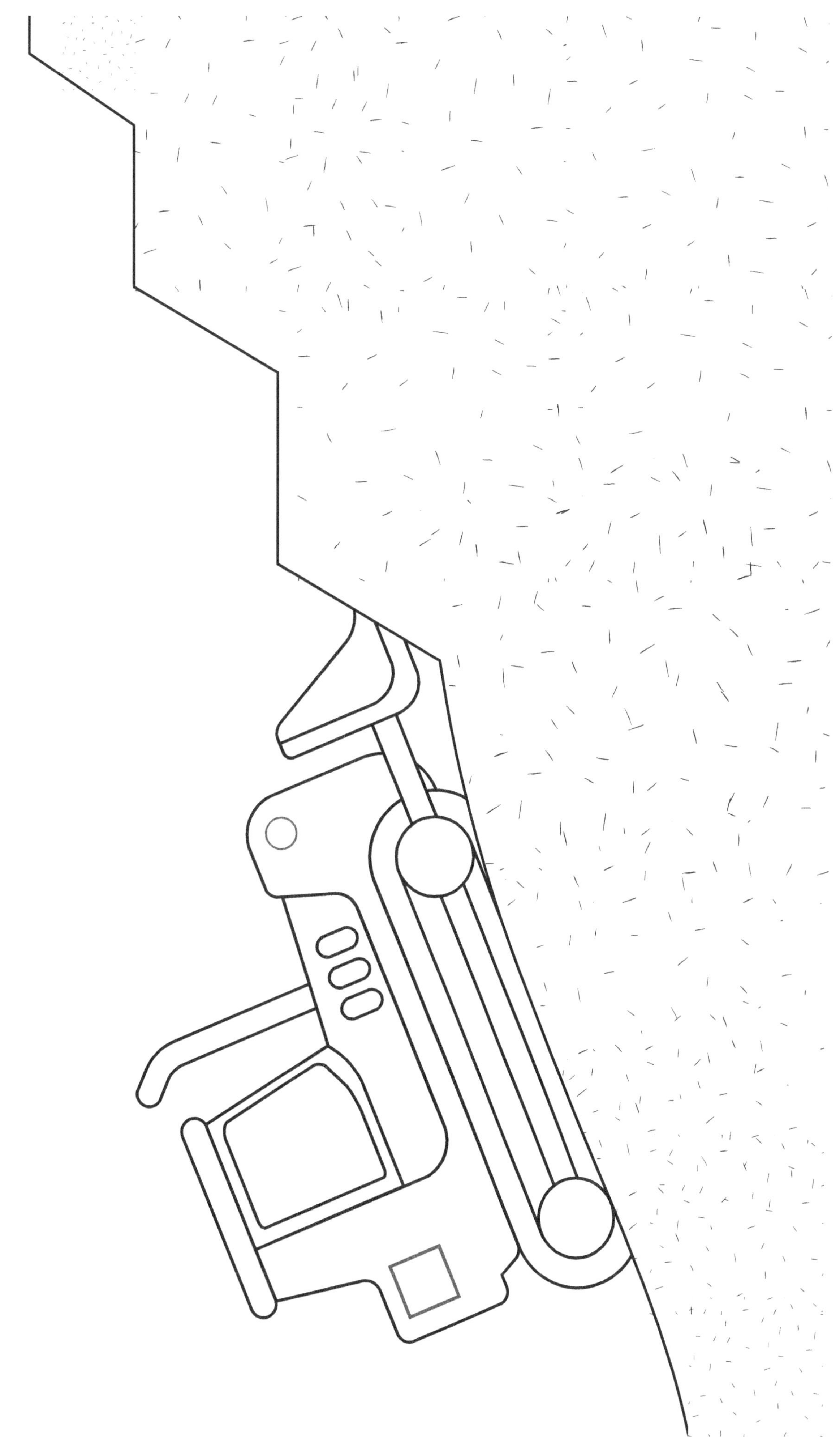

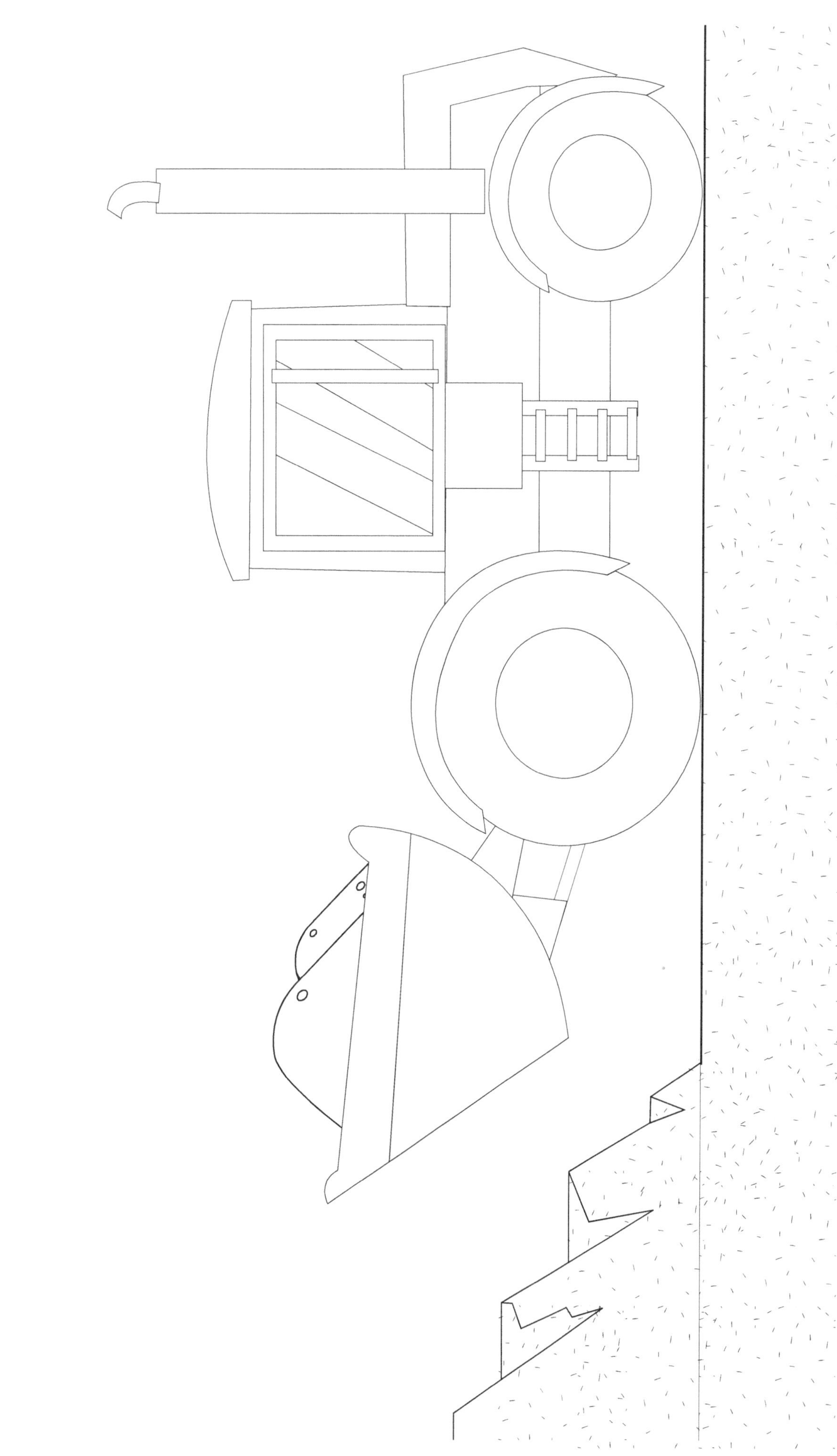

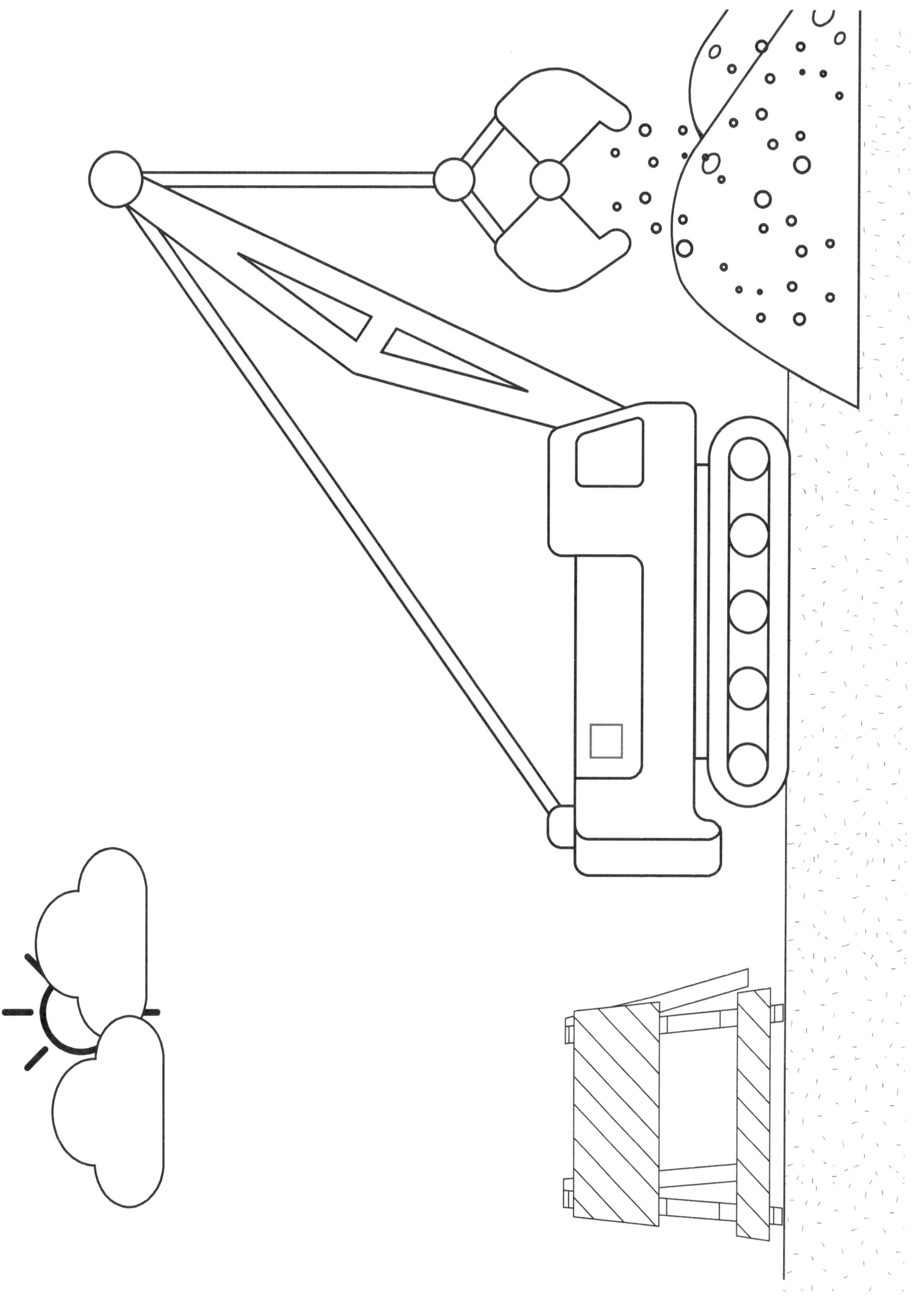

Je serai reconnaissant
si vous écrivez votre opinion.

9 798576 623600